MEDITACIÓN

Aumenta la felicidad y elimina el estrés y la depresión

(Meditación para principiantes)

Lewis Gracia

Publicado Por Daniel Heath

© **Lewis Gracia**

Todos los derechos reservados

Meditación: Aumenta la felicidad y elimina el estrés y la depresión (Meditación para principiantes)

ISBN 978-1-989853-86-3

Este documento está orientado a proporcionar información exacta y confiable con respecto al tema y asunto que trata. La publicación se vende con la idea de que el editor no esté obligado a prestar contabilidad, permitida oficialmente, u otros servicios cualificados. Si se necesita asesoramiento, legal o profesional, debería solicitar a una persona con experiencia en la profesión.

Desde una Declaración de Principios aceptada y aprobada tanto por un comité de la American Bar Association (el Colegio de Abogados de Estados Unidos) como por un comité de editores y asociaciones.

No se permite la reproducción, duplicado o transmisión de cualquier parte de este documento en cualquier medio electrónico o formato impreso. Se prohíbe de forma estricta la grabación de esta publicación así como tampoco se permite cualquier almacenamiento de este documento sin permiso escrito del editor. Todos los derechos reservados.

Se establece que la información que contiene este documento es veraz y coherente, ya que cualquier responsabilidad, en términos de falta de atención o de otro tipo, por el uso o abuso de cualquier política, proceso o dirección contenida en este documento será responsabilidad exclusiva y absoluta del lector receptor. Bajo ninguna circunstancia se hará responsable o culpable de forma legal al editor por cualquier reparación, daños o pérdida monetaria debido a la información aquí contenida, ya sea de forma directa o indirectamente.

Los respectivos autores son propietarios de todos los derechos de autor que no están en posesión del editor.

La información aquí contenida se ofrece únicamente con fines informativos y, como tal, es universal. La presentación de la información se realiza sin contrato ni ningún tipo de garantía.

Las marcas registradas utilizadas son sin ningún tipo de consentimiento y la publicación de la marca registrada es sin el permiso o respaldo del propietario de esta. Todas las marcas registradas y demás marcas incluidas en este libro son solo para fines de aclaración y son propiedad de los mismos propietarios, no están afiliadas a este documento.

TABLA DE CONTENIDO

Parte 1 1

Introducción 2

Capítulo 1: La Necesidad De Meditar 4

POR QUÉ ES NECESARIO MEDITAR EN LOS TIEMPOS QUE CORREN 4
«SOLUCIONES» HABITUALES QUE SUELEN FALLAR 5

Capítulo 2: Vivir Y Sufrir 8

ANSÍASLA VERSIÓN IDEALIZADA DE LO QUE «DEBERÍA» SER LA VIDA .. 8
EL DESEO DE CONTROLARLO TODO 9
INCAPACIDAD O INHABILIDAD PARA ACEPTAR EL CAMBIO 9
ALIENACIÓN URBANA Y ELECTRÓNICA 10

Capítulo 3: Las Promesas De La Meditación 11

¿POR QUÉ MEDITAR? 11
LOS BENEFICIOS 12

Capítulo 4: Los Beneficios Mentales Y Físicos De La Meditación 15

LOS BENEFICIOS FÍSICOS 15
LOS BENEFICIOS PSICOLÓGICOS 16

Capítulo 5: Fomentar La Actitud Positiva 18

ENTRAR EN UN BUCLE 18
DESARROLLAR LA «MENTE DEL PRINCIPIANTE» 19

Capítulo 6: Encuentra Tus Verdaderas Motivaciones 22

POSIBLES MOTIVACIONES: 23

Capítulo 7: Antes De Comenzar 26

CONSEJOS PRÁCTICOS PARA LA MEDITACIÓN 26

Capítulo 8: Desarrollar Disciplina Y Compromiso Hacia Tu Práctica 29

COMPROMÉTETE 29
DESARROLLAR DISCIPLINA 30

Capítulo 9: Meditar Para Tonificar Tu Cuerpo 32

Capítulo 10: Meditación Consciente 35

ACEPTACIÓN PARA COMENZAR A MEDITAR 36

Conclusión 38

Parte 2 39

Introducción 40

Meditación 101: Entendiendo La Relación Entre Los Pensamientos Y La Depresión 41

LA RELACIÓN ENTRE LOS PENSAMIENTOS Y LAS ENFERMEDADES MENTALES 42
DERRIBANDO LA CONEXIÓN ENTRE LOS PENSAMIENTOS NEGATIVOS Y LA DEPRESIÓN 44

La Ciencia Detrás De La Meditación 46

CÓMO FUNCIONA LA MEDITACIÓN 47
Respuesta Del Sistema Nervioso Parasimpático 47
La Meditación Ayuda A Reducir La Hiperactividad En El Cerebro 48
CÓMO LA MEDITACIÓN AYUDA A ELIMINAR LA ANSIEDAD Y EL ESTRÉS 52
CÓMO LA MEDITACIÓN COMBATE LA DEPRESIÓN 54
CÓMO LA MEDITACIÓN TE AYUDA A ALCANZAR PAZ INTERIOR, FELICIDAD Y CONFIANZA 56
CÓMO PREPARARSE PARA LA MEDITACIÓN 59

Cómo Entrar En Un Estado Meditativo 61

Diferentes Técnicas De Meditación Para Combatir El Estrés Y La Ansiedad 64

MEDITACIÓN BASADA EN LA ATENCIÓN PLENA (MINDFULNESS) 64
MEDITACIÓN DEL SONIDO PRIMORDIAL 66

MEDITACIÓN TRASCENDENTAL 67
MEDITACIÓN ZEN 68
Cómo Practicar La Meditación Zazen *69*

Cómo Salir De Un Estado Meditativo 72

ACEITES ESENCIALES.. 75
CUENTAS DE ORACIÓN BUDISTA O MALAS 76

Parte 1

Introducción

Antes que nada quiero agradecerte y felicitarte por descargar este libro.

Este libro contiene pasos y estrategias previamente comprobadas para que, a través de la meditación, te liberes del estrés en medio de la agitación del mundo posmoderno.

En los capítulos que vienen a continuación, aprenderás por qué es importante la meditación, por qué es necesaria en el mundo moderno y cómo puede beneficiarte. También aprenderás qué actitudes tienes que fomentar para conseguir una buena meditación así como la motivación para no abandonar aunque encuentres algunos baches en el camino.

Por último, te daremos una guía simple, fácil y práctica del paso a paso de algunas técnicas de meditación. Las puedes poner en práctica donde y cuando quieras para resintonizarte con tu cuerpo, relajarte y liberar toda la tensión y la negatividad acumuladas.

Gracias por descargar este libro, ¡espero

que lo disfrutes!

Capítulo 1: La necesidad de meditar

Si compraste este libro, asumimos que es porque hay una parte de tu vida que te gustaría cambiar o mejorar. O tal vez necesitas frenar un poco en medio del caos que te rodea y dedicar un momento a la introspección. También asumimos que consideras que la meditación te puede ayudar a alcanzar estas y muchas otras cosas, pero ¿cómo puede beneficiarte exactamente una pausa de 10 o 20 minutos para centrarte en respirar o repetir mantras?

Este libro te dará algunas claves y te ayudará a conocer los beneficios de la meditación y el impacto positivo que esto tendrá en tu vida.

Por qué es necesario meditar en los tiempos que corren

Hay muchas dificultades en la vida que causan malestar, estrés, dolor de cabeza, miedo, agotamiento e incluso rabia. Independientemente de cuál sea tu situación, seguirás sufriendo si no eres capaz de lidiar con la causa. El objetivo de la meditación es proporcionarte equilibrio, paz, aceptación y compasión. Además, es una forma de experimentar la vida manteniéndote lejos del sufrimiento y de hacer que te relaciones con los problemas desde una perspectiva más positiva.

«Soluciones» habituales que suelen fallar

Antes de ahondar en el maravilloso mundo de la meditación, es convenienteanalizar las formas más habituales de lidiar con el estrés del día a día. A lo mejor has intentado alguna, pero al final te has dado cuenta de que te causan más daño y más estrés.

Abuso de sustancias:las drogas y el alcohol proporcionan consuelo y distracción e incluso pueden aportar una sensación de seguridad y relajación. Son sustancias que tienen efectos muy adictivos pero en el momento en que esos efectos desaparecen, dan ganas de consumir más, por lo que es posible entrar en una espiral de autodestrucción.

Fama y entretenimiento:en la actualidad,

el carisma de los famosos y el conducto de escape que supone la industria del entretenimiento tienen un poder dominante sobre sus consumidores, de hecho es muy fácil engancharse a los programas de televisión y a las películas. Algunas personas están tan preocupadas por los detalles de la vida de los famosos que no son conscientes de la vida real, de sus problemas e insatisfacciones. Para colmo, se vuelven vulnerables a la manipulación que ejercen los medios hasta que desconectan por completo de sus verdaderos sentimientos y en general de ellos mismos.

Cultura del consumismo: la sociedad actual tiende a fomentar, o mejor dicho a propagar, un estado mental consumista. El sueño americano te promete que conocerás la felicidad verdadera en cuanto compres la casa ideal, el coche ideal y tus hijos e hijas vayan a un colegio ideal. Trabajas mucho para poder darte lujos, para comprar cosas caras y es posible que más de una vez te hayas ido de compras a modo de terapia anti estrés. Lo triste es que esto se convierte en un bucle que te impide conocer la auténtica felicidad y la verdadera satisfacción vital. Además, corres el riesgo de endeudarte, y al final, como necesitas ese dinero, nunca vas a conseguir liberarte de ese trabajo que no te gusta pero que está bien pagado.

Capítulo 2: vivir y sufrir

Hay muchos aspectos de la vida que pueden estar causándote daño y sufrimiento, pero en algunas ocasiones ni siquiera conoces la raíz de esos problemas. Si estás de acuerdo con esto, lee la lista que viene a continuación para saber si alguno de los ejemplos se adapta a tu situación.

Ansíasla versión idealizada de lo que «debería» ser la vida

Hay mucha gente que transita por la vida de manera insatisfactoria porque creeque ha fracasado o porque está tan preocupada por alcanzar un ideal que se olvidan de VIVIR. No importa la razón; si es la casa perfecta, el trabajo perfecto o el cuerpo perfecto, hay que luchar y emplearse a fondo. Sin embargo, en ocasiones puedes sentir cierta decepción al darte cuenta de que no es tan fácil conseguir las cosas, o que eso que para ti era un ideal, en realidad no es tan perfecto.

El deseo de controlarlo todo

La gente tiende a querer controlar todo a su alrededor y hoy en día, se hace cada vez más fácil conseguirlo. Muchos de los aparatos electrónicos que hay en el mercado les aseguran que pueden controlar su vida con un clic. Hay aplicaciones de bancos, de comunicación y de gestión de negocios que les dan la posibilidad de controlar su vida a través del teléfono. El desarrollo de esas aplicaciones responde a la demanda del ser humano de querer controlarlo todo. El problema es que nadie puede controlar las circunstancias o las cosas que ocurren, y el hecho de que las cosas se tuerzan o que no vayan como lo hemos planeado, les hace sufrir.

Incapacidad o inhabilidad para aceptar el cambio

Hay muchas escuelas de pensamiento que consideran que el cambio es la única constante y esto es lo que nos enseña el

Zen. Para alcanzar una pizca de felicidad, hay que asumir que el cambio es inevitable y no puedes pretender que las cosas permanezcan siempre de la misma manera. La gente, los lugares, la posición social, todo cambia, te guste o no. Y la incapacidad de aceptar que eso puede pasar, es lo que te hace sufrir.

Alienación urbana y electrónica

Vivir en la era de la información puede ser un poco agobiante para mucha gente. Aunque existen varias formas de entretenernos en este mundo postmoderno, el sentimiento de soledad, la alienación y la fragmentación todavía campan a sus anchas entre la población. A pesar de que existen numerosas aplicaciones que facilitan el contacto social, estas relaciones no llegan a ser lo suficientemente reales o significativas, por lo que difícilmente aporten satisfacción y realización.

Capítulo 3: Las promesas de la meditación

Después de exponer las causas y las pseudosoluciones del sufrimiento humano en el mundo postmoderno, llegó el momento de ir al grano y abordar las soluciones reales que nos ofrece la meditación. La meditación y la conciencia plena te permitirán ahondar en los cambios positivos de tu estilo de vida y de tu percepción del mundo.

¿Por qué meditar?

A diferencia de las «soluciones» que mencionamos en el primer capítulo, la meditación no te distrae de la realidad ni te desconecta del mundo. Lo que conseguirás será *experimentar* la vida, incluso el estrés y los problemas, de una manera diferente, más positiva. El principal objetivo es conectarte un poco más con el mundo y con la gente que te rodea. En esta unión encontrarás paz mental y podrás vivir en armonía con el mundo.

Te pueden quitar un auto, un trabajo o cualquier cosa material, pero nunca te podrán quitar tu forma de ser. Es mucho más inteligente intentar trabajar la forma en la que percibes y reaccionas al mundo que intentar controlar todo lo que te rodea.

Los beneficios

Los numerosos beneficios de la meditación son lo que la convierten en algo tan interesante, especialmente en la sociedad moderna. Sin embargo, es importante que no conviertas estos beneficios en tu objetivo principal porque, a decir verdad, los objetivos son la antítesis de la meditación. Meditando no existen juicios ni comparaciones. Tal vez te resulte complicado creer que invirtiendo solamente 10 o 20 minutos cada día puedes dar un cambio radical a tu vida. Sin embargo, siendo constante en la práctica, te darás cuenta de que es así y te sorprenderán los innumerables beneficios que puede aportarte esta simple pero disciplinada práctica.

Serás capaz de vivir en el momento y apreciar los pequeños placeres de la vida: parece que en el mundo postmoderno vivimos a contrarreloj; corriendo a trabajar, corriendo a una reunión, corriendo para no perder un avión. Con las prisas la gente tiende a olvidarse de que la vida está ocurriendo y nos olvidamos de apreciar esos momentos que son breves pero valiosos. Ser capaz de vivir en el presente y de apreciar las sutilezas del mundo es un estado de conciencia que la meditación puede instilaren ti.

Te volverás más compasivo y sensiblecon los demás y con el mundo: la meditación te enseña a ser sensible al dolor y al sufrimiento ajenos. También infunde en ti el deseo de liberarte de todo ese sufrimiento.

Estarás más conectado contigo mismo y esto te ayudará a alcanzar un estado de felicidad permanente: aprenderás a abrirte y a explorarte, a descubrir quién eres en realidad y no permitirás que te cieguen con información diseñada para ocultar la realidad.

Elegirás empezar a aceptar la vida, las circunstancias y los cambios: estar en paz con tu vida es un aspecto fundamental de la meditación. Es importante que te aceptes a ti y a las circunstancias sin emitir juicios, sin preocupación y sin arrepentimientos.

Serás más tolerante a los factores que causan estrésy no sentirás tanta ansiedad y miedo en tu día a día: mientras estés en paz contigo y con el mundo físico, te darás cuenta de que dejarte invadir por la ansiedad y el estrés solo te causará sufrimiento.

Podrás establecer conexiones más profundas y significativas con los que te rodean: la meditación te hace ser más consciente del momento y de la fugacidad de la vida. Serás más consciente de lo importantes que son las personas que amas y esto te hará apreciarlas tal cual son.

Capítulo 4: los beneficios mentales y físicos de la meditación

La meditación tiene efectos físicos y psicológicos que te ayudarán a mejorar tu calidad de vida. Sus beneficios son incalculables y si eres constante en la práctica tu vida dará un cambio radical.

Los beneficios físicos

Las personas que practican la meditación de manera regular experimentan disminución de tensión, menos ansiedad, mejor sueño y además relajación y creatividad. Por ejemplo, reduce las ondas cerebrales beta, lo que aumenta el poder de decisión y la memoria, también promueve las ondas gamma, delta y alfa que mejoran el pensamiento creativo. Las personas que sufren de hipertensión, con una práctica regular experimentan una mejora de la presión sanguínea y del pulso cardíaco.Pero aunque no sea tu caso, la meditación igualmente disminuirá el riesgo de sufrir un derrame cerebral o un infarto, incluso puede llegar a reducir los niveles de colesterol en sangre.

En general, los que se dedican incondicionalmente a la práctica de la meditación experimentan la relajación física absoluta.

Los beneficios psicológicos

A parte de los efectos físicos, la meditación también tiene efectos psicológicos beneficiosos como por ejemplo, fomentar los pensamientos positivos. Esto quiere decir que cuanto más tiempo pases contigo mismo comenzarás a madurar y a aceptarte física y emocionalmente, te sentirás más equilibrado y centrado y esto puede ser muy útil en especial para las personas que quieran atraer la humildad a sus corazones. En sintonía con los pensamientos positivos, la meditación también fomenta la gratitud y el amor por la vida en general.

Los beneficios de la meditación cambian de una persona a otra y van apareciendo de diferentes maneras y en diferentes momentos de la práctica. Es importante que no establezcas un objetivo claro cuando empieces a practicar, intenta sumergirte en la experiencia día a día, revelación a revelación.

Capítulo 5: fomentar la actitud positiva

Antes de subirte al viaje de la meditación, es necesario que realices un trabajo previo a la práctica.Es fundamental que fomentes y desarrolles algunos aspectoso formas de pensar que te aseguren que vas en la dirección correcta.En este capítulo, te guiaremos en el proceso para encontrar tu verdadera motivación. Aprenderás amanifestar la actitud adecuada, la disciplina para aplicar a tu práctica y a desarrollar un estado mental que abra tu corazón y tu mente a las maravillas de la meditación.

Entrar en un bucle

Aunque lo llamemos viaje, tienes que asumir que en algunas ocasiones te verás de vuelta en el punto de partida, y si esto sucede, quiere decir que lo que estás buscando ya está dentro de ti y que, de hecho, ya eres capaz de lograr la paz mental, calmar el estrés y apreciar la vida día a día. Lo que ocurre es que los pensamientos negativos inundaron tu mente y tu corazón, tal vez dudas de ti, sientes insatisfacción, deseas, juzgas y tienes miedos. Estas son las cosas que te alejan de ti mismo y no te dejan ver con claridad quién eres realmente.

El objetivo de la meditación es limpiar tu mente y tu corazón de esas olas de negatividad que te invaden y no te dejan ver quién eres en realidad. La meditación te permite identificar tu esencia como ser humano y en cuanto hayas alcanzado este nivel de reconocimiento y consciencia, te darás cuenta de que ese sentimiento estuvo ahí todo el tiempo. Entonces podrás ver, vivir y ser tú mismo sin juzgar, sin dudar y sin temer a nada. Esta actitud hacia la vida es la que denominamos la «mente del principiante».

Desarrollar la «mente del principiante»

La mejor actitud que puedes tomar para enfrentarte a la meditación es la de apertura y aceptación. Es necesario que te liberes de todas las ideas preconcebidas, de las expectativasy de los prejuicios. Este estado mental se conoce como la «mente del principiante». Muchos profesores y profesoras de meditación creen que lo más importante es mantener esta perspectiva simple y fresca durante la práctica, por decirlo de otra manera, no tienes que aspirar a la sabiduría o a conseguir un cierto estado de consciencia.La mente del principiante está abierta a todo, sin embargo, la mente de los que se autoproclaman expertos ya está llena y cerrada a nuevas posibilidades. La mente del principiante está:

Abierta a aceptar todas las experiencias de la vida: cuando te sensibilizas y te abres a la meditación sin prejuicios y con la mente despejada, te vuelves uno contigo mismo. Esto incluye tanto lo bueno como lo malo.

Libre de ideas restrictivas: la mente del principiante es una mente en expansión. Cuando te liberas de los pensamientos, las creencias y las ideas que limitan tu mente, ésta se vuelve como el cielo, no importa cuántas nubes pasen, tu mente es ilimitada y sigue abierta a todas las posibilidades de la vida.

Cuando vayas avanzando en tu práctica, verás que se te hace complicado liberarte de las expectativas y de las ideas preconcebidas, pero es indispensable si tu objetivo es encontrar tu verdadera esencia. Es esa actitud de «no saber» lo que te permite estar abierto a cosas nuevas y sentir esa curiosidad.

Capítulo 6: encuentra tus verdaderas motivaciones

La motivación juega un papel fundamental en cualquier proyecto que quieras emprender y en la forma en la que lo experimentes. También es el elemento principal en la manera en la que te enfrentas a los resultados. En definitiva, todo lo que haces tiene en ti un efecto distinto dependiendo de la motivación que lo impulse. Y esto debe reflejarse en tu día a día, por ejemplo, con la práctica del ejercicio físico; si tu única motivación es caber en un vestido de otra talla, se vuelve una práctica agotadora, sobre todo si tu cuerpo es rebelde y le cuesta perder peso. Pero si decides practicar ejercicio de manera regular para mejorar tu salud y tu calidad de vida, entonces se transforma en una experiencia totalmente distinta.

Hay muchas motivaciones para practicar la meditación, de hecho, los centros espirituales a menudo hacen una lista con la intención de aliviar el sufrimiento ajeno (una motivación altruista), que se considera una de las motivaciones más importantes. Pero has de ser honesto contigo mismo y descubrir cuáles son tus verdaderas motivaciones. A continuación se incluye una lista que contiene algunas de las motivaciones más habituales y que puede guiarte para encontrar la tuya.

Posibles motivaciones:

Autoaceptarse: los medios de comunicación y la cultura popular nos bombardean constantemente con imágenes ideales, por lo que es normal que nos sintamos insatisfechos con quiénes somos, con nuestra apariencia y con otros muchos aspectos de nuestra vida. La constante búsqueda de la perfección puede ser agotadora y estresante, y aleja a las personas del camino hacia la verdadera felicidad.

Mejorar un aspecto de tu vida o toda tu vida: tal vez estás lidiando con el estrés que te causa tu vida, como pueden ser un trabajo estresante o una relación difícil. Es normal que con la práctica de la meditación consigas relajarte, calmar tu mente y cambiar tus reacciones y la forma en la que te relacionas con el mundo y con los que están a tu alrededor.

Identificar tu esencia: a todos se nos nubla la mente y eso nos impide ver nuestro verdadero ser. La gente a veces se complica intentando responder las grandes preguntas de la vida, buscando su identidad en un mundo que constantemente te dice cómo deberías ser. La búsqueda de tu esencia es como el camino a la iluminación, estar en comunión contigo y simplemente ser. Alcanzar el cenit te puede proporcionar una felicidad tan profunda que ni los conflictos podrán opacarla.

Ayuda a los que están a tu alrededor: esta es la más altruista y preciada de todas las motivaciones. Los budistas tibetanos creen que todo el mundo debe cultivar esto en su interior, incluso si al principio no es la principal motivación. La meditación sin este factor no puede alcanzar la cúspide del autodescubrimiento ya que es únicamente a través del altruismo que puedes deshacerte de la tendencia humana a la arrogancia intelectual y espiritual.

En cuanto te sientas preparado y hayas establecido los cimientos de tu práctica, es decir, la motivación y la actitud, entonces puedes comenzar a practicar la meditación. Sin embargo, es fundamental que recuerdes que tienes que ser constante si quieres desarrollar la actitud correcta y seguir analizando tus motivaciones.

Capítulo 7: Antes de comenzar

Existen distintos tipos de técnicas de meditación a las que puedes recurrir para comenzar. A continuación vamos a nombrar algunas de las más sencillas y prácticas. Sin embargo, antes de profundizar en cada una de esas técnicas de meditación, es necesario que te familiarices con unas pautas básicas.

Consejos prácticos para la meditación

Ponte ropa cómoda: es importante que te expongas a la menor cantidad de distracciones posibles mientras meditas. Por lo tanto, debes ponerte ropa de la talla adecuada para que puedas respirar con facilidad y te sientas cómoda, no lleves ropa ni muy ajustada ni muy suelta, así no sientes ni frío ni calor.

No tengas el estómago ni lleno ni vacío: meditar con el estómago lleno puede ser soporífero, dificultarte la concentración y desenfocarte de la conciencia. De la misma manera, si tienes hambre, los ruidos del estómago te harán perder la concentración. Lo mejor es empezar a meditar más o menos una hora después de haber comido adecuadamente.

Elije conscientemente dónde y cuándo: es importante que encuentres el lugar y el momento adecuadospara complementar tu práctica, es fundamental que puedas disponer de paz y tranquilidad durante el tiempo que quieras. No importa lo ocupado que sea tu día, seguro que puedes rescatar 10, 15 o cinco minutos al día para dedicarlos a meditar.Si tienes un tiempo limitado para practicar, es importante que lo aproveches al máximo; ten un lugar preparado para sentarte o acostarte sin distracciones ni interrupciones.

Decide cuánto tiempo quieres que dure tu meditación: si eres principiante, pocos minutos de quietud pueden parecerte una eternidad, es por esto que se recomienda comenzar con cinco minutos de meditación. Cinco minutos puedes usarlos simplemente para empezar a sentirte cómodo, pero siempre puedes añadir más tiempo (10 o 15 si consideras que necesitas más tiempo). Los que ya están acostumbrados pueden durar hasta una hora meditando y estos períodos de meditación tan largos pueden tener efectos increíbles.

Evita el alcohol, el café o cualquier sustancia que pueda alterar tu química cerebral: estás en un camino al autodescubrimiento y te va a ser difícil sacarle partido si tu sangre está cargada de químicos que puedan alterar tu funcionamiento cerebral.

Asegúrate de que has descansado bien: puede sonar a cliché, pero la verdad es que hay muchos casos en los que la gente se queda dormida mientras medita. Para alcanzar la conciencia y la aceptación es importante que tu mente esté despejada, libre de cansancio y de falta de sueño.

Capítulo 8: Desarrollar disciplina y compromiso hacia tu práctica

Si realmente quieres cambiar tu mentalidad y tu perspectiva a través de la meditación, una de las cosas en las que debes trabajar es la disciplina y el compromiso hacia la práctica. Cuando ese compromiso sea sincero y tengas la intención de evolucionar en esta disciplina, te resultará más fácil adquirir el hábito de la meditación.

Comprométete

A medida que pase el tiempo, te vas a ir encontrando con algunos obstáculos en tu práctica. Es posible que sientas impaciencia, cansancio, desilusión o tal vez no aprecies el progreso, y esto puede hacerte abandonar en cuanto te encuentres con alguna dificultad en el camino. ¿Y qué es lo que va a impedir que abandones? Tu compromiso.El compromiso es la base sobre la que construyes tu práctica, que también surge de la motivación (como vimos en el capítulo 6). Debes estar motivada y tener un plan propio,por ejemplo; puedes elegir meditar unos minutos al levantarte, antes de irte a dormir, etc. Compromiso significa implicaciónen tu plan y en tus intenciones ya que si sientes la inspiración y el compromiso, la meditación te resultará mucho más fácil.

Desarrollar disciplina

La palabra disciplina puede sonar fuerte. Puede llegar a quitarte las ganas, sobre todo si te trae a la mente una figura que refleje autoridad como tu profesor o tu jefe. Sin embargo, la disciplina que se necesita para la meditación es el tipo de disciplina que te va a permitir continuar con tu práctica independientemente de tu estado de ánimo. Incluso te dará la fuerza necesaria para continuar con tu rutina de meditación en esos momentos difíciles en los que te sientes aletargado. Disciplina significa que practicarás con regularidad, no cuando solamente te den ganas, porque tu mente ya lo asimiló así.

Es importante que hayas comprendido

estos puntos básicos y que tengas una base sólida de motivaciones antes de comenzar. Esto te permitirá continuar tu práctica con regularidad a largo plazo y, poco a poco, ir cosechando los beneficios reales de la meditación

Capítulo 9: Meditar para tonificar tu cuerpo

Los capítulos anterioresnos han traído hasta este punto: la práctica real. En este capítulo te vamos a dar una guía simple y fácil para llevar a cabo una práctica básica de meditación que puedes realizar en cualquier momento y en cualquier lugar. Encontrarás muchas prácticas de meditación, pero esta en concreto, está enfocada en recuperar el contacto con tu cuerpo y te servirá de base para que en un futuro puedas realizar prácticas más profundas.

1º paso: acuéstate boca arriba, cierra los ojos y ponte cómoda. Asegúrate de que no hay riesgo de quedarte dormida y de que es una posición en la que puedes aguantar 20 minutos.

2ºpaso: mientras estás acostada, concéntrate en el conjunto de tu cuerpo. Siéntelo e intenta que ningún pensamiento invada tu mente. Concéntrate en la presión que sientes en las zonas que están en contacto con la superficie sobre la que estés y pon toda tu atención en tu cuerpo, tal y como es.

3º paso: cuando sientas que tu mente está en calma y que eres consciente de tu cuerpo, enfoca esta consciencia en un punto específico, como por ejemplo, los dedos de los pies. Ábrete a cualquier sensación y si no sientes nada, disfruta también este «no sentir». Siente la energía que emerge y se sumerge a través de tus dedos mientras respiras y concéntrate en esto durante unos minutos.

4º paso: traslada tu atención, lentamente, desdelos dedos a las plantas de los pies y hasta los empeines, tus rodillas, muslos, luego a tu dorso, desde la parte inferior del abdomen al plexo solar, desde la parte baja de la espalda a los omóplatos, a tu pecho, nuevamente pasa por los hombros y luego baja por tus brazos. No te frustres si no sientes nada, simplemente sé consciente de eso también. El objetivo de esta técnica de meditación es darte la posibilidad de que tengas consciencia de tu propio cuerpo.

5º paso: ahora sube hasta el cuello, la cara, la parte de atrás de la cabeza hasta que llegues a la coronilla. Recuerda dedicarle a cada parte por lo menos un minuto o dos antes de continuar a la siguiente. Cuando hayas terminado con la coronilla, vas a empezar a sentir más relajación, vas a sentir que tus pensamientos son livianos como el aire, que pasa y se va. Mantén este estado de relajación durante unos minutos más.

6ºpaso: devuelve la atención a la unidad de tu cuerpo y deja que todas estas sensaciones fluyan a través de ti. Dedícate unos minutos a apreciar esto y cuando sientas que ya es suficiente, comienza a mover suavemente los dedos de las manos, los de los pies y abre los ojos con delicadeza. Balancea tu cuerpo de un lado a otro y luego incorpórate, haz unos estiramientos rápidos y ¡continúa con el día!

Capítulo 10: meditación consciente

La meditación consciente,o *mindfulness*, es la mejor forma de estar en el presente y vivir en el ahora, si pones toda tu atención en ti puedes alcanzar la verdadera felicidad. El *mindfulness* te enseña a ser consciente de tu persona y de las cosas que te rodean con una actitud de aceptación, paciencia y compasión. Ser consciente significa que eres responsable de ti mismo y con los demás de una manera desinteresada, y eso te permite reaccionar en armonía con el universo.

El *mindfulness* se basa en la consciencia del ser y empieza por ser consciente de la respiración. Seguir tu respiración es el primer paso y puede sonar fácil,sin embargo, para una mente que está acostumbrada a recibir imágenes hiperrealísticas y violentas, puede resultar difícil. Tal vez notas que tu mente se dispersa constantemente mientras intentas respirar profunda y lentamente, pero lo único que tienes que hacer es volver poco a poco a concentrarte en tu respiración e intentar liberar la mente.Ser consciente de tus pensamientos sin pensarlos.

Aceptación para comenzar a meditar

Una de las causas principales del sufrimiento es la incapacidad para aceptar la realidad, para aceptarse a uno mismo y para liberarse de las emociones y pensamientos negativos. Estos últimos pueden ser una de las principales causas del estrés y la insatisfacción con la vida, pero la buena noticia es que la meditación se puede utilizar para enfocar estos problemas.Hasta que no te liberes de la negatividad, de los sueños frustrados, de los prejuicios y de los dogmas, nunca serás capaz de recuperar la positividad y la aceptación. La técnica que compartimos a continuación se enfoca en este aspecto.

1º paso: siéntate en una postura cómoda, o en una silla con las piernas cruzadas o en el suelo, asegúrate de que es una posición en la que puedes permanecer unos 10 o 15 minutos. Puedes dejar los ojos abiertos o cerrarlos, como prefieras.

2º paso: centra tu atención en la

respiración, deja que la inspiración y la expiración sean lo que llene tu conciencia.

3º paso: ahora enfócate en tus pensamientos y emociones, asegúrate de estar abierta y no juzgar nada de lo que pase por tu mente, solamente observa su presencia.

4º paso: sé consciente de que intentas echar, olvidar o bloquear algunos pensamientos y emociones que te resultan desagradables. Acéptalos y sé consciente de su presencia.

5º paso: después de dar el primer paso hacia la aceptación de esos sentimientos y pensamientos, es momento de dejarlos ir. Dales la bienvenida a tu mente y déjalos ir de a poco. Aceptar y soltar, aceptar y soltar – esta es la esencia del *mindfulness*.

Conclusión

La meditación es una forma necesaria y fundamental para deshacerte del estrés y de la negatividad que te rodean, te puedes dar la oportunidad de tener una vida más feliz, más calmada y más satisfactoria. Pero el camino a lo bueno puede estar cargado de retos y la esencia de la meditación a menudo va en contra de lo arraigado en la manera de pensar occidental.Esto quiere decir que es importante que internalices lo que aparece en este libro y lo aceptes de corazón. La meditación, en especial el *mindfulness*, puede practicarse en cualquier lugar y en cualquier momento y todos los aprendizajes asociados con la meditación pueden aplicarse a diario.

La gratitud, la aceptación, el dejar ir y el altruismoson atributos que pueden hacerte llegar lejos y darte una visión más clara de ti mismo y de los que te rodean. Tienes que asegurarte de que tienes unas bases sólidas y la motivación adecuada, un gran compromiso y la actitud correcta para dominar tu práctica y cosechar los beneficios de la meditación.

Parte 2

Introducción

¡Muchas gracias por descargar!

Nuestra vida actual a menudo nos presenta situaciones que nos hacen sentir extremadamente nerviosos o estresados. Por muy normal que sea experimentar una cierta cantidad de miedo, tensión y ansiedad en ciertas situaciones, si estos sentimientos persisten después de que la situación estresante ha terminado, se convierte en un motivo de preocupación.

Los sentimientos continuos de nerviosismo, ansiedad y tensión frecuentemente resultan en depresión y estrés crónico, que si no se manejan de manera apropiada y oportuna, pueden afectar enormemente a tu bienestar mental, emocional y físico.

Existen numerosos remedios para combatir los problemas mencionados; uno de ellos, quizás el más poderoso, liberador y efectivo, es la meditación.

La meditación es una técnica asombrosa que proporciona poder y que ayuda a controlar la mente y los pensamientos, brindándote la confianza y la fortaleza necesarias para combatir a tus demonios internos.

Si estás batallando con los pensamientos negativos, el estrés crónico y la depresión, y quieres aprender más sobre cómo usar la meditación para tratar tus problemas, esta guía es perfecta para ti.

Gracias de nuevo por descargar este libro, espero que lo disfrutes.

Meditación 101: Entendiendo la relación entre los pensamientos y la depresión

Según la ciencia, los pensamientos controlan a los sentimientos. Las emociones que sientes son el resultado de pensamientos que vienen y van; si estás triste, es debido a un pensamiento molesto, y si estás feliz, es porque estás pensando en algo agradable.

Siendo este el caso, ¿significa esto que tus pensamientos pueden eventualmente llevar a condiciones serias tales como depresión, ansiedad crónica y estrés?

Vamos a averiguarlo.

La relación entre los pensamientos y las enfermedades mentales

El pensamiento negativo incesante da lugar a la depresión, la ansiedad y otras afecciones similares. Y la verdad es que sí, en algún momento u otro, es normal experimentar depresión, pero si te preocupas continuamente por cierto asunto, darás cabida a pensamientos negativos permanentes y devastadores en tu mente. Muy a menudo, estos pensamientos preocupantes giran en torno a acontecimientos pasados, o a acontecimientos que ni siquiera han ocurrido.

En lugar de salir adelante y apreciar aquel incidente como una experiencia, o pensar positivamente en el futuro, permitimos que las preocupaciones del pasado y del futuro perturben continuamente nuestra mente y nuestros pensamientos. Cuando piensas constantemente en una situación que te inquieta, terminas pensando más negativamente de lo normal.

Según investigaciones recientes, nosotros, los humanos, experimentamos alrededor de 25.000 a 50.000 pensamientos al día; y si estamos tristes, tendemos a pensar más. Cuando piensas en algo molesto, los pensamientos negativos sobrepasan a los positivos. Como ya sabrás, cuando los pensamientos negativos se apoderan de tu mente, ocupan más espacio, sin dejar espacio para pensar positivamente. Con el tiempo, los pensamientos negativos se hacen más fuertes, resultando en depresión, ansiedad crónica y estrés. Una vez que la depresión se apodera de ti, empiezas a perder la conciencia de tus pensamientos. Cuando esto sucede, te vuelves inconsciente y desprevenido de cuando un pensamiento negativo se cuela silenciosamente en tu mente. De acuerdo a diversos estudios científicos, las personas deprimidas generan automáticamente pensamientos infelices. Cuando estás deprimido, el constante pensamiento negativo establece una mentalidad negativa involuntaria.

Derribando la conexión entre los pensamientos negativos y la depresión

Cuando te encuentras constantemente preocupado por tu pasado o futuro, algo que ha ocurrido o algo que podría ocurrir, este pensamiento negativo a menudo puede conducir a problemas mentales y enfermedades. En ambos casos, no aceptas ni tampoco reconoces tu presente. Aunque hayas perdido algo, o experimentado un trauma, estás vivo hoy; estás respirando, viviendo, sobreviviste a ese incidente; estar vivo ahora mismo, y saber que superaste ese período traumático o evento es en sí mismo una bendición.

Del mismo modo, cuando te preocupas por tu futuro, ignoras tu presente. Te vuelves tan absorto pensando en lo que podría pasar, y descuidas completamente lo que te está pasando en el momento mismo.

Este estado de no estar consciente y satisfecho con tu presente es lo que comúnmente llamamos olvido. Investigaciones científicas han validado con éxito que el olvido vincula los pensamientos negativos con la depresión. El olvido del presente envuelve tu mente en pensamientos del pasado o del futuro haciéndote rechazar tu presente y todas las bendiciones que este contiene.

Es necesario derribar la relación entre ambas cosas, y la meditación lo puede lograr satisfactoriamente.

Cómo la meditación derriba esta conexión
Al perder tu conexión con el presente y practicar el olvido, experimentas estrés y depresión. La meditación se basa en el presente; te ayuda a disociarte de tu pasado, futuro y pensamiento negativo que te hace olvidar tu realidad actual.

Una vez que reconoces el presente, comprendes su belleza y todos los placeres que contiene. Esto te ayuda a reconocer lo que has pasado por alto, lo que trae paz y tranquilidad a tu cuerpo y mente. Cuando tu mente se calma, dejas de pensar negativamente; tan pronto como los pensamientos negativos desocupan tu ser, la intensidad de la depresión y la ansiedad comienza a disminuir.

Al practicar la meditación, fortaleces tu poder para pensar positivamente y ser consciente de tu presente. Con una práctica consistente, la meditación te ayuda a obtener el control de tus pensamientos y te permite, de esta manera, eliminar la depresión de tu vida para siempre.

La Ciencia Detrás de la Meditación

La meditación es de hecho una gran solución para las enfermedades mentales, tales como la depresión, la ansiedad y el estrés que producen infelicidad, estrés y falta de satisfacción. Entonces, ¿cómo podría ayudarte esta herramienta?

Profundicemos en cómo funciona la meditación y entendamos la ciencia que hay detrás de ella antes de analizar sus efectos sobre las diversas enfermedades mentales.

Cómo funciona la meditación

La meditación funciona de dos maneras. En primer lugar, activa la respuesta parasimpática en tu cuerpo. En segundo lugar, reduce la actividad de las ondas cerebrales; cuando la actividad cerebral disminuye, te relajas y dejas de pensar en algo negativo.

Respuesta del sistema nervioso parasimpático

La meditación te ayuda a relajarte usando la respuesta del sistema nervioso parasimpático de tu cuerpo. Cuando estás estresado o preocupado por algo, la parte simpática de tu sistema nervioso autónomo se activa. Esto produce la conocida respuesta de "luchar, escapar o congelarse", que te causa preocupación y malestar debido a la liberación de diferentes hormonas del estrés.

Cuando meditas, se produce una menor producción de hormonas inductoras de estrés como el cortisol y la catecolamina. A medida que la cantidad de estas hormonas se reduce, la respuesta simpática comienza a desactivarse también. Cuando la respuesta simpática disminuye, la respuesta parasimpática comienza a activarse. La actividad parasimpática relaja el cuerpo y se encarga de los eventos que desencadenaron la reacción de luchar, escapar o congelarse.

Como resultado, los latidos de tu corazón comienzan a disminuir y tu sangre comienza a fluir normalmente. Estos cambios relajan tu cuerpo; la investigación ha demostrado que cuando el cuerpo está en un estado relajado, la mente se vuelve automáticamente serena. Por lo tanto, al meditar regularmente, puedes ser capaz de manejar cómo tu cuerpo responde a situaciones estresantes; puede calmar tu cuerpo, lo que indica a tu mente que se vuelva serena.

La meditación ayuda a reducir la hiperactividad en el cerebro

Además de calmar tu cuerpo, la meditación también calma tu cerebro. El cerebro produce diferentes ondas cerebrales clasificadas en cinco grandes tipos (como se verá a continuación).

Cada onda cerebral representa diversas actividades. El conjunto de ondas cerebrales con la frecuencia más alta te ayuda a realizar actividades que requieren gran energía, mientras que las ondas cerebrales con la frecuencia más baja te ayudan a relajarte.

La meditación cambia la actividad de tus ondas cerebrales a una frecuencia más baja, permitiéndote tomar un descanso de la tensión y del pensamiento incesante.

Tipos de Ondas Cerebrales

Ondas Gamma: Las ondas cerebrales en el estado gamma tienen una frecuencia de entre 30Hz y 100Hz. Cuando estás en este estado, aprendes cosas activamente y retienes diferentes tipos de información fácilmente. Este es el estado más activo de tu cerebro.

Ondas Beta: El estado beta posee ondas cerebrales que van desde los 13Hz hasta unos 30Hz. En este estado, se puede practicar el pensamiento analítico, la planificación, la categorización, la evaluación y el pensamiento eficiente.

Ondas Alfa: Las ondas cerebrales en este estado oscilan entre 9Hz y 13Hz. En este estado, empiezas a sentirte a gusto y en paz, y piensas menos. Este es el estado que experimentas mayormente después de hacer yoga o aeróbicos, o algo que te relaja, como una caminata en el parque.

Ondas Theta: En este estado, las ondas cerebrales oscilan entre 4 y 8 Hz. La meditación te ayuda a alcanzar el estado Theta calmando tus respiraciones y relajando tu cuerpo. Cuando tus ondas cerebrales se ralentizan, te sumerges en un estado de relajación y de comprensión profunda.

Ondas Delta: Este es el último estado, en el cual las ondas cerebrales oscilan entre 1 Hz y 3 Hz. El estado delta es el estado de los monjes tibetanos y practicantes estrictos de la meditación. Cuando alcanzas este estado, te vuelves extremadamente alerta, atento y consciente de todo lo que sucede a tu alrededor. Tú también puedes alcanzar este estado. Sin embargo, requiere una gran cantidad de paciencia, esfuerzo y práctica.

La meditación te ayuda a alcanzar el estado mental Theta, en el que tus ondas cerebrales se ralentizan y relajan. Cuando tu mente está en este estado, empiezas a dejar atrás los pensamientos negativos e hiperactivos, ya que has logrado huir de los estados gamma y beta.

Efectos de la meditación en las enfermedades mentales

Antes de proceder con las diferentes técnicas de meditación que puedes usar para calmar tu cuerpo y mente, es importante mencionar los efectos que la meditación tiene en varias enfermedades mentales. Aprender de estos beneficios de la meditación hará que te sientas aún más motivado a practicarla e incorporarla a tu rutina.

Cómo la meditación ayuda a eliminar la ansiedad y el estrés

La meditación ayuda a combatir la ansiedad de varias maneras y de forma eficaz.

Por una parte, mejora los patrones de ondas cerebrales que se activan cuando estás estresado y ansioso, los cuales son los patrones de ondas beta. Al meditar, evitas esta onda cerebral y entras en el estado más relajado de ondas theta, el cual ayuda a reducir la ansiedad.

La meditación aumenta los niveles de serotonina: Investigadores del Instituto austriaco Ludwig Boltzmann para la Neuroquímica descubrieron que meditar regularmente aumenta los niveles de serotonina, neurotransmisor que ayuda a mejorar tu estado de ánimo. Habiendo más serotonina en tu cuerpo, comenzarás a sentirte más calmado y feliz, además de experimentar una reducción en la ansiedad, el nerviosismo y el estrés.

Asimismo, la meditación activa la respuesta del sistema nervioso parasimpático en tu cuerpo, lo cual te ayuda a controlar el estrés de manera efectiva. Un renombrado médico de Harvard, el Dr. Herbert Benson, descubrió lo de la activación de la respuesta parasimpática mediante la meditación, nombrandola "respuesta de relajación".

La meditación disminuye la actividad de la amígdala cerebral derecha: La meditación también combate la ansiedad reduciendo la actividad de la amígdala cerebral derecha, asociada con la activación de la ansiedad. Investigadores de la Escuela de Medicina de Harvard y de la Universidad de Boston han compuesto también este descubrimiento en un estudio reciente. La meditación tiene un efecto asombroso sobre la ansiedad, el estrés y el nerviosismo, por lo que cuando empiezas a practicarla con regularidad, serás capaz de controlar fácilmente los pequeños ataques de ansiedad y estrés, para que no se transformen en ansiedad y estrés crónicos.

Cómo la meditación combate la depresión

La meditación tiene un efecto sorprendente sobre la depresión, ya que esta favorece el desarrollo de la zona del hipocampo del cerebro. Según investigadores de la Universidad de Washington en 1996, cuanto más desarrollado está el hipocampo, menos probabilidades hay de sufrir depresión. Los investigadores estudiaron los cerebros de personas que sufren de depresión clínica y de personas que practican meditación, y los resultados fueron sorprendentes. Las personas que padecían de depresión tenían un hipocampo subdesarrollado en comparación con el tamaño del hipocampo de los practicantes de meditación.

La meditación desarrolla la corteza prefrontal izquierda: Otro estudio demostró que las personas que meditan frecuentemente tienen una corteza prefrontal izquierda más desarrollada y activa. La corteza prefrontal izquierda es la región del cerebro asociada con la felicidad, por lo que cuando esta corteza está bien desarrollada y activa, uno comienza a sentirse más feliz de lo normal, y puede luchar fácilmente contra los sentimientos relacionados a tristeza y depresión.

Además, el meditar incrementa los niveles de noradrenalina y serotonina, dos neurotransmisores importantes que son responsables de mejorar el estado de ánimo. Una baja producción de estas hormonas da lugar a sentimientos depresivos; por lo tanto, cuando su producción aumenta, tu depresión comienza a aliviarse también.

La meditación te hace sentir completo: Normalmente, la mayoría de nosotros nos deprimimos porque nos sentimos incompletos, sentimos que nuestra vida no está completa, o somos incapaces de sentirnos realizados. Esto viene del olvido. La meditación te ayuda a ser consciente de tus bendiciones, ayudándote a experimentar plenitud y a sentirte completo. Cuando comienzas a sentirte completo, tu depresión comienza a disminuir automáticamente. El Dr. Deepak Chopra, médico, autor y practicante de meditación, ha validado esto.

Cómo la meditación te ayuda a alcanzar paz interior, felicidad y confianza

La meditación te ayuda a alcanzar paz interior al enfocarte en tu presente, permitiéndote tener un mejor control de tus pensamientos y también evitando que estos deambulen en el pasado o en el futuro. Además, esto te ayuda a perder de vista las cosas o pensamientos preocupantes, trayéndote calma y permitiendo alcanzar la ya mencionada paz interior.

Al alcanzar paz interior, empiezas a sentirte satisfecho contigo mismo y con tu vida, y trayendo felicidad a esta. Por otra parte, la meditación combate el estrés, la ansiedad y la depresión. Con estas condiciones fuera de tu organismo, comienzas a sentirte feliz de nuevo de forma automática.

Cuando estás feliz contigo mismo, estás contento con lo que tienes y ya no sientes inseguridades. El sentirse realizado aumenta tu autoestima, lo que a su vez mejora tu confianza. Cuando tu confianza mejora, trabajaras eficientemente hacia el cumplimiento de todas sus metas.

Cómo meditar: Preparándose para la meditación

Hasta ahora, hemos hablado sobre la meditación y sus sorprendentes efectos en tu cuerpo y mente. Pasemos ahora a discutir sobre cómo prepararse para la meditación, para que así sepas cómo preparar tu cuerpo y mente para entrar a un estado meditativo.

No siempre es necesario prepararse para la meditación; algunos practicantes de esta encuentran fácil cambiar del estado activo de rutina al estado de meditación. Sin embargo, la habilidad de entrar en un estado meditativo sin la necesidad de prepararse es predominante en meditadores experimentados, y como probablemente eres un principiante en esta práctica, es importante discutir algunas estrategias que pueden ayudarte a calmarte y a entrar fácilmente en un estado meditativo.

Cómo prepararse para la meditación

No comas antes de meditar: No comas nada durante al menos una hora antes de entrar en meditación. Si no puedes controlar tu hambre, o tienes que comer debido a una condición de salud, asegúrate de comer una comida muy ligera como un trozo de fruta, dos o tres galletas, o una taza de leche. Comer mucho antes de meditar puede hacer que te sientas algo aturdido, impidiéndote así alcanzar la comodidad que necesitas para entrar en estado meditativo.

Toma un baño: Aunque no es esencial, tomar un baño caliente o una ducha antes de meditar facilitará entrar en un estado de meditación. Un baño o una ducha te hace sentir fresco, ligero y limpio. Además, un baño tranquilo tiene un efecto calmante en tu estado de ánimo, lo que facilita la meditación.

Usa ropa cómoda: Cuando medites, ponte algo cómodo. La ropa ajustada te hace sentir sofocado, impidiendo así que te relajes. Además, debes abstenerte de usar joyas pesadas o cualquier cosa que te distraiga o te haga sentir incómodo.

Realiza un calentamiento previo: Hacer un calentamiento previo antes de meditar es una buena idea. Ejercicios ligeros como estiramientos, salir a trotar o caminar, hacer ejercicios aeróbicos o cualquier otra actividad física estimula el flujo sanguíneo en el cuerpo, alivia el estrés, aumenta la producción de serotonina y te ayuda a relajarte. Todos esto hace mas fácil el entrar en estado de meditación.

Crea una atmósfera relajante: Es esencial crear una atmósfera relajante para meditar. No puedes hacerlo tranquilamente si estás sentado en un lugar ruidoso, frío o incómodo.

Elije una habitación tranquila que tenga la temperatura y el ambiente adecuados. Podrías encender velas, o quemar incienso, o escuchar música relajante para que la atmósfera sea lo suficientemente tranquila para ti.

Realiza Ejercicios de Respiración: Practicar ejercicios de respiración es una buena manera para relajar la mente y prepararla para meditar. Cuando tu mente está relajada, se vuelve más fácil para ella reflexionar. Para practicar la respiración profunda, siéntate cómodamente y respira y exhala de forma profunda. Asegúrate de mantener la inhalación y exhalación durante cuatro o cinco segundos. Practica este método hasta que te sientas en paz para poder empezar a meditar.

Utiliza Objetos Espirituales: También puedes colocar cualquier objeto que te conecte con tu espiritualidad para que calme tu mente. Además, puedes leer un libro relajante o ver un vídeo que te conecte con tu espiritualidad. La espiritualidad ayuda a relajar la mente, permitiéndole a esta entrar en un estado de meditación.

Practica estas estrategias antes de meditar para reducir la dificultad cuando transiciones de un estado mental enérgico a uno meditativo.

Cómo entrar en un estado meditativo

Al haber finalizado la preparación y estés conforme con ésta y con tu entorno para la meditación, estarás listo para entrar en un estado meditativo. Al principio, experimentar un estado de calma mental que lleve a la meditación no será fácil, pero la práctica rutinaria y la perseverancia ciertamente te ayudarán a conseguirlo. Además, las siguientes técnicas también te ayudarán a entrar en un estado meditativo con facilidad.

Ponte en una postura moderadamente cómoda: Siéntate, párate o acuéstate en esta postura. Una postura moderadamente cómoda no es incómoda, y tampoco es completamente relajante. Estar extremadamente relajado a menudo conduce a la somnolencia; por lo tanto, la postura idónea debe ser la ya mencionada. Te puedes sentar en tu cama, en una colchoneta para hacer ejercicio o en alguna silla confortable. También puedes recostarte. Quienes meditan regularmente y tienen experiencia, suelen practicar la meditación de pie. Sin embargo, como principiante, es mejor sentarse o acostarse.

Mantén los ojos cerrados: cerrar los ojos

es una buena opción para evitar distracciones externas y así concentrarte en tu respiración.

Mantén las manos a los lados: puedes probar muchas posiciones con las manos; sin embargo, al principio, es mejor mantenerlas a tu lado.

Comienza a respirar lenta y profundamente: mantén la respiración lo más que puedas. Además, controla tu respiración. Pon atención a cuánto tiempo puedes contenerla. Trata de disminuir la velocidad de tu respiración. Si al principio necesitas cuatro segundos para inhalar y exhalar, incrementa a seis o siete segundos después de unas cuantas respiraciones profundas.

Pon en práctica ejercicios mentales: practica algunos ejercicios mentales que te ayuden a agudizar tu atención y concentración. Por ejemplo, puedes observar tus movimientos corporales o practicar ejercicios de visualización. Si eliges hacer la visualización, debes imaginar algo y mantenerlo en tu mente por unos segundos o minutos. Al ser capaz de sostener esa imagen durante unos 15 segundos, y puedas imaginarla claramente, te habrás relajado lo suficiente como para enfocarte en el verdadero propósito de tu meditación.

El siguiente capítulo tratará sobre algunas técnicas de meditación eficaces para ayudarte a aliviar el estrés, la ansiedad y la depresión.

Diferentes técnicas de meditación para combatir el estrés y la ansiedad

Existen varias técnicas de meditación que puedes practicar para alcanzar la paz mental y aliviar el estrés, la ansiedad y la depresión. A continuación se presentan técnicas de meditación populares y efectivas garantizadas para aliviar la depresión, la ansiedad y el estrés.

Meditación basada en la atención plena (Mindfulness)

La ingeniosa idea de Jon Kabat Zinn,

meditación basada en la atención plena, cobró vida en 1979. Hoy en día, es una práctica mundial que hace uso de la exploración corporal y la conciencia respiratoria.

La conciencia respiratoria se refiere a que ésta enfoca tu atención tanto en tu inhalación como en tu exhalación. La exploración corporal se refiere a enfocarse en tu cuerpo, comenzando desde los dedos de los pies y moviéndose hacia tu mente. Esto ayuda a liberar cualquier tensión en el cuerpo y facilita la conexión con la mente.

La meditación basada en la atención plena es efectiva para reducir el estrés, la ansiedad y eliminar la depresión. Además, te ayuda a ser consciente de tu presente y a dejar de preocuparte por tu futuro y tu pasado, ayudándote así a alcanzar la paz interior y la felicidad.

Cómo Practicar la Meditación Mindfulness

Para practicar este tipo de meditación, inhala profundamente y concéntrate únicamente en tu respiración; haz lo mismo cuando exhales. Una vez que tu enfoque se haya fortalecido, comienza a concentrarte en cómo fluye la energía en cada parte de tu cuerpo. Enfócate en cada parte del cuerpo durante aproximadamente siete a diez respiraciones. Te tomará unas semanas dominar esta técnica meditativa, así que no te preocupes si las cosas se sienten un poco raras al principio.

Meditación del Sonido Primordial

La MSP o meditación del sonido primordial es una técnica meditativa relajante que utiliza un mantra. Mantra aquí se refiere a un sonido suave y cálido o vibración que te ayude a sentirte relajado. Los sonidos que elijas deben ser similares a los que los bebés escuchan mientras están en el vientre de la madre.

Investigaciones sobre la MSP han demostrado que el sonido que escuchas mientras estás en el vientre de tu madre es el primer mantra que el universo te brinda; este "sonido en el vientre" es muy calmante y relajante. Si oyes algo similar a tal sonido, es probable que logres la calma. MSP es excelente para ayudarte a relajarte después de un día agitado, ayudarte a manejar la ansiedad, y finalmente a tener paz interior.

Cómo practicar la Meditación del Sonido Primordial

Para practicar la MSP, necesitas escoger un mantra personal y significativo para ti. Después de seleccionar tu mantra personal, reprodúcelo repetidamente (reproduce ese sonido en tu iPod o MP3) y luego relájate con su sonido. Antes de comenzar la MSP, practica las estrategias de preparación tratadas anteriormente para que sea más fácil meditar al son del sonido de tu mantra. El Dr. Deepak Chopra y Lady Gaga son dos famosos practicantes de esta técnica meditativa.

Meditación Trascendental

La meditación trascendental (MT) es una creación del gurú religioso de la India Maharishi Mahesh Yogi. Utiliza ciertas palabras sánscritas, o un cierto mantra para ayudarte a enfocarte mejor mientras meditas. Un profesor mediador te da el mantra dependiendo de diferentes factores como tu sexo, año de nacimiento y el año en el que tu profesor recibió entrenamiento en meditación.

Esta técnica es excelente para ayudarte a evadir los pensamientos de distracción que te impiden ser consciente de tu presente, de ti mismo y de tu vida.

Cómo practicar la Meditación Trascendental

Para practicar la meditación trascendental, siéntate cómodamente y cierra tus ojos. Una vez que te hayas relajado y hayas entrado en un estado de calma mental, comienza a repetir tu mantra, pronto serás capaz de trascender el proceso de pensamiento rutinario y entrar en el estado de conciencia completa y conciencia pura. Russell Brand y Katy Perry practican este tipo de meditación.

Meditación Zen

La meditación Zen, también conocida como Zazen, deriva del budismo y significa "meditación sentado". Ésta te ayuda a obtener una visión profunda de ti mismo mediante la observación de tu mente y tu respiración.

Además, te ayuda a alcanzar el nirvana, un estado de felicidad y paz eterna. Es excelente para curar y aliviar tanto el estrés rutinario y crónico, como también la depresión y la ansiedad. Asimismo, mejora la salud y el bienestar mental, ayudándote a ser feliz y a estabilizar tus emociones. Richard Gere y el Dalai Lama son figuras célebres que practican Zazen.

Cómo practicar la meditación Zazen

1. Primero busca un lugar tranquilo y consigue un *zabuton*, luego colócalo frente a una pared y pon un *zafu* encima.

Zabutón

Zafu

2. Ahora siéntate asegurándote de que la base de tu columna vertebral esté en el medio del zafu. Más abajo puedes encontrar diferentes posturas.

Medio Loto

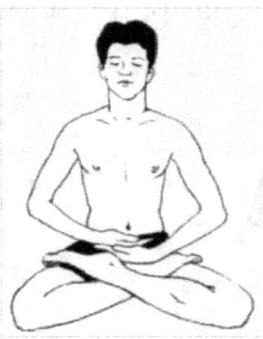

Padmasana

3. Descansa las rodillas sobre el zabuton y

luego endereza la parte baja de la espalda empujando los glúteos hacia afuera y las caderas hacia adelante y luego endereza tu columna. Ahora extiende tu cuello como si estuvieras tratando de alcanzar el techo y luego relaja tus hombros.

4. Pon la mano derecha con la palma hacia arriba en el pie izquierdo y la mano izquierda con la palma hacia arriba en la mano derecha con los pulgares tocándose ligeramente entre sí.

5. Dirige tus ojos hacia abajo en un ángulo de aproximadamente 45 grados sin tener que enfocarte necesariamente en ninguna cosa específica. No cierres los ojos, ya que te podrías dormir fácilmente.

6. Cierra la boca y coloca la lengua detrás de los dientes contra el paladar.

7. Inhala profundamente, luego abre la boca ligeramente y exhala lenta y suavemente. Asegúrate de exhalar desde el abdomen.

8. No trates de controlar tus

pensamientos ni de enfocarte en ningún objeto específico. Cuando tengas pensamientos distractorios, no trates de luchar con ellos o de evitarlos, sino que permite que entren y salgan libremente.
9. Una vez que finalices la meditación, pon las palmas de las manos sobre tus muslos, respira profundamente, estira tus piernas y levántate lentamente. No te levantes bruscamente.

Cómo salir de un estado meditativo

Has aprendido por qué la meditación es importante y cómo prepararse, entrar y practicar la meditación. Ahora, necesitas aprender a salir apropiadamente del estado meditativo y finalizar tu rutina.

Permítete un poco de tiempo libre: cuando estés a cinco o diez minutos de finalizar tu rutina, permítete un poco de tiempo libre. Durante este tiempo, piensa en lo que te plazca, para que te sientas feliz y no te deprimas al terminar de meditar.

Fase de Intención: cuando estés a un minuto de concluir tu rutina, recuerda la idea de poner fin a la práctica. Esto se conoce como "intención", la cual ayudará a tu cuerpo a cambiar del modo de sanación al modo neutro.

Realiza pequeños movimientos: cuando tu sesión de meditación esté a punto de finalizar, realiza pequeños movimientos como inclinar la cabeza, estirar el brazo hacia afuera o abrir los ojos.

Termina tu práctica: abre los ojos, respira profundamente y finaliza tu práctica.

Así es como finalizas la meditación. Asegúrate de seguir estos pasos para que puedas salir del estado meditativo correctamente.

Cómo hacer que la meditación sea más efectiva

Además de meditar de forma plena y con regularidad, hay ciertas estrategias que pueden mejorar la eficacia de tu meditación. A continuación encontrarás consejos y maneras efectivas para mejorar tu meditación.

Mudras

Se entiende por mudras a las diferentes posiciones de manos y brazos. Cada uno de tus cinco dedos conecta a un elemento y puede producir un cierto efecto en tu cuerpo. En otras palabras, con cada dedo puedes lograr diferentes objetivos. Los Mudras son excelentes para facilitar apropiada y profundamente la meditación. Estos son algunos mudras fáciles que de seguro te ayudaran.

Gyan Mudra

Uno de los mudras más básicos y efectivos. Alivia la tensión, mitiga la depresión, agudiza la concentración y realza la sabiduría. Para practicarlo, une la punta de tu dedo índice a tu pulgar y mantén los otros dedos rectos y relajados.

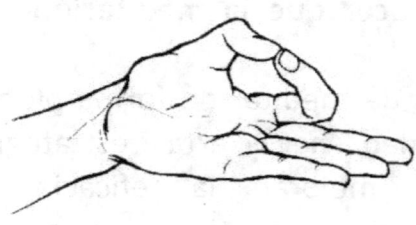

Dhyana Mudra

También conocido como Samadhi mudra, ayuda a la contemplación profunda y a meditar fácilmente. Para hacerlo, coloca tu mano derecha sobre la izquierda y manténlas apoyadas sobre tus piernas. Forma un triángulo con tus pulgares para limpiar tus pensamientos eficazmente y sentirte más sereno.

Practicar estos mudras de forma constante te ayudará a meditar eficientemente.

Aceites Esenciales

Los aceites esenciales son muy útiles para mejorar la eficacia de tu práctica meditativa. Puedes mezclarlos con agua y rociar la mezcla sobre tu entorno, untarlos sobre tu cuerpo por medio de masajes o utilizarlos en un difusor para disfrutar de sus inmensos beneficios. Estos son algunos aceites esenciales que puedes utilizar:

1. **Mirra**: estimula el hipotálamo, la amigdalina y las glándulas pituitarias,

mejorando así tu concentración y reduciendo el estrés, permitiéndote meditar cómodamente.
2. **Sándalo**: Si estás meditando para sanar tus heridas espirituales y emocionales, usa aceite de sándalo.
3. **Rosa**: Para sentirte feliz y conectarte profundamente con tu espíritu, usa aceite de rosas.
4. **Vetiver**: Te ayuda a concentrarte y a focalizarte en tu presente.
5. **Salvia**: El aceite de salvia ayuda a eliminar las energías negativas de tu mente y cuerpo, restaurando el balance de ambos.

Cuentas de oración budista o malas

Los malas son cuentas unidas por una cuerda, similar a un rosario. Los monjes las usan a menudo como herramienta de meditación. Cada mala se compone de 108 cuentas. Al meditar, te recomiendo que tomes una cuenta del mala cada vez que inhales y exhales, y luego pases a la siguiente cuenta. De este modo, realizarás 108 ciclos de respiración y te concentrarás más en tu meditación.

Mantra

Un Mantra es un cántico que ayuda a que te enfoques fácil y eficientemente. Puedes elegir cualquier mantra de acuerdo a tu estado de ánimo y a la meta que quieres alcanzar. Los mantras populares incluyen palabras como Om Shanti Om, amor, paz, algún dios o paz interior.

Escritura automática

Toma tu diario y entra en meditación. Una vez que logres enfocarte, empieza a preguntarle a tu mente subconsciente o al universo diferentes preguntas relacionadas a tu propósito o meta, anotando las imágenes o respuestas que obtengas. Muy pronto estarás absorto en esta práctica y serás capaz de meditar profundamente.

Desafíos de la meditación y cómo afrontarlos

Meditar suele ser a menudo no muy fácil para los principiantes; es probable que te enfrentes a algunos desafíos al meditar. Veamos los problemas comunes a los que te puedes enfrentar cuando meditas, y veamos también maneras de abordarlos.

Volverse impaciente: Cuando meditamos, es fácil impacientarnos. Es posible que sientas la necesidad de hacer otra cosa, haciéndote perder el enfoque. Para superar este problema, reflexiona sobre los beneficios de la meditación antes de empezar con esta para que así puedas practicarla con paciencia y dedicación.

Distraerse: Perder la concentración durante la meditación es otro desafío que la mayoría de los principiantes enfrentan con frecuencia. Si experimentas este problema, asegúrate de volver a centrarte en tu respiración o mantra. También puede utilizar técnicas de visualización para centrarte en el panorama más amplio y mantenerte comprometido a tu práctica.

Falta de tiempo: Al principio, puede sentir que pasar demasiado tiempo meditando no es productivo, y que podrías estar haciendo algo más importante. Para solucionar este problema, debes entender bien la importancia de la meditación, priorízandola sobre otras tareas.

No sentirse lo suficientemente tranquilo: La mayoría de los principiantes pierden interés en la meditación porque no se sienten lo suficientemente tranquilos. Para superar esto, debes comprender que el sentirse en paz no significa que experimentarás la iluminación en unas pocas semanas de práctica. El sentirse en paz se refiere a disfrutar de los pequeños placeres de la vida y ser consciente del presente. Por lo tanto, si ves que comienzas a despertar feliz cada mañana, o que comienzas a sonreír ante pequeñas cosas, es porque has comenzado a encontrar la paz.

Conclusión

La meditación es la cura perfecta para todas las preocupaciones y problemas como la ansiedad y la depresión ya que calma tu mente, te lleva al presente y te ayuda a apreciar todas las bendiciones que te han sido otorgadas. Para aprovechar al máximo esta práctica, sigue esta guía y descubre los asombrosos poderes de la meditación.

www.ingramcontent.com/pod-product-compliance
Lightning Source LLC
Chambersburg PA
CBHW071911070526
44583CB00016B/1934